살며
사랑하며

살며 사랑하며

2014년 10월 28일 초판 1쇄 발행. 정원석이 시를 쓰고 사진을 찍었습니다. 기획 편집은 박철수가 담당했고 표지 디자인은 송기철, 본문 디자인 편집은 강은정이 담당했습니다. 제판은 매일프로세스, 인쇄는 시원인쇄, 제본은 광명제책에서 각각 제작했습니다. 출판사 등록일 및 등록번호는 제325-2001-000007호이고 주소는 부산광역시 중구 백산길 17 삼성빌딩 702호 / TEL. 051)254-2260, 2261 / FAX. 051)246-1895 / E-mail. haeambook@hanmail.net이고 정가는 15,000원입니다.

ISBN : 978-89-6649-060-8 03810

*이 도서의 국립중앙도서관 출판예정도서목록(CIP)은 서지정보유통지원시스템 홈페이지(http://seoji.nl.go.kr)와 국가자료공동목록시스템(http://www.nl.go.kr/kolisnet)에서 이용하실 수 있습니다. (CIP제어번호: CIP2014030415)

살며
사랑하며

정 원 석 두 번째 시집

해 암

프롤로그

살아가는 동안
마음을 휘저으며
일어나는 감정의 물결
끊임없이 변화무쌍하지만
찰나의 순간이 지나고 나면
터지는 포말 따라
사라져 간 거품과 같이 흩어진다.
한 겨울밤에 띄운 뜨거운 연서
봄눈과 함께 녹아
다소곳 피어나는 모습도
마음 한켠 뒤안길을 쓸쓸히 떠돌다
흐린 안개 속에 갇혀
이름 없는 들풀 속으로
묻혀 가는 것이 인지상정이다.
여행을 하면서 보게 되는
감동적인 순간의 크로키를
사진 속에 담아 추억하듯

글을 쓰는 이유도 이와 다를 바 없어서,
정처 없이 떠도는 사색의 바다에서
추억하고 싶은 삶의 단면을
순간순간 포착하여 담아두었다가
사진 인화하는 것과 같이
활자를 통하여 세상에 나오게 된다.

3년 만에
시집 『살며 사랑하며』를 발행하며
낯선 길을 떠날 때 다가오는
어색한 두려움이 어김없이 찾아오지만
가슴 가득 설렘만을 앞세워
그대에게 다가가겠습니다.

2014년 10월
가을날 정남에서 정 원 석

차 례

1. 그대, 그리움으로

2. 가끔은

3. 산다는 것

4. 그곳에 가면

살며
사랑하며

1. 그대, 그리움으로

이슬

봄바람 하늘거리는 뜨락에
풀잎마다 열린 이슬은
언젠가 그대 향하여 보낸
번지 잃은 편지입니다

그대 만나는 기쁨에
긴 밤 어둠 속의 기다림을
설레는 마음으로 돌려보내고
아침 햇살 아래 나타났네요

초롱초롱 맺은 언약처럼
그 맑은 눈동자에 비친
수정처럼 빛나는 아리아
사랑을 향한 무언의 메시지

삼백예순 날 기다림에 빠져도
길 못 찾은 고백이 되돌아올지라도
외로움 헤치고 비친 얼굴이
그대이기에 행복합니다.

그대 얼굴을 그리다

하얗게 토라진 유리창 위에
이름 석 자 적다 보니
저 너머 발그레 웃고 있는
너의 얼굴이 피어 오른다

아침 햇살에 반짝이는
꽃잎보다 붉은 볼
오뚝 솟은 코에 봉긋한 입술
풀잎 위를 구르는 이슬 닮은
영롱한 눈동자여

손가락 따라 요리조리
내 마음대로 표정 짓는 예쁜 그 모습
시냇물처럼 조잘대며
하얀 이 드러내어 미소 짓는 모습까지
창가의 밀회는 끝날 줄 모른다.

오월이 오기 전에

청보리 바람에 날려
언덕 넘는 너울을 타고
새순 피는 나뭇가지
밑그림의 파스텔을 칠해가는
분주한 나날

도화 떨어진 자리에
부풀어 가는 씨방처럼
주체할 수 없이 몰려드는 그리움
농무에 가려진 미로 뚫고
그대에게 달려갑니다

오월이 오기 전에
생기를 되찾아 가는 초목처럼
그대에게 보낼 나의 편지
봉함을 다시 열고
추신을 붙여 달아야 합니다

사랑한다고…

떠나지 않는 사랑

밤새 풀잎을 떠다니는
돌아갈 수 없는 방랑의 길
한 방울 기다림으로 탄생한
옥색 구슬에 갇힌 그리움이여

멀게만 보이는 인연이기에
스치는 바람에 하소연하며
눈물 어린 가슴으로 기대어
조용한 아침을 맞지만

차가울수록 깊어가는 그리움
떠나는 허전함에 가슴 저미어
하늘을 향해 외치는 고백
그대 사랑했노라고

물결처럼 번지는 독백
필연적 이별까지 부정하면서
그 곁에 모두 불살라 버릴지라도
떠나지 않는 사랑

푸른 언덕

보리 이삭 바람결에 너울대고
한가로운 누렁이 풀 뜯고 있는
언덕길에 핀 하얀 찔레꽃
오는 임 반기며 활짝 웃고 있다

황토 밭 두툼한 이랑 들추고
주렁주렁 올라오는 감자 덩굴처럼
더없이 탐스런 신록의 외출
그대의 발자국 따라 다가오는 오월

빗방울 지나간 오후
빛나는 햇살 아래 드리운 무지개
봄의 마차가 지나가는 길 따라
수채화 속에 비친 어제의 오늘

개천가에 드리운 수양버들도
멋드러진 자기 모습에 취하여
삼발 같은 머리결을 휘날리며
내리쬐는 태양의 미소를 맞이하고

그대가 심어둔 사랑의 씨앗
푸른 언덕 새벽의 여명에 깨어나고
한 걸음의 의미를 되새기며
꺼지지 않는 불꽃으로 피어나리라.

연리목

내 마음 띄어
너에게 보내고 나서
긴 밤을 온통 기다림으로
하얗게 흘려보내고
대답 없는 허공에
넌지시 손길 내밀어
너에게 닿기를 갈망하는
뜨거운 바램 실었다

긴긴밤 지나며
자라나는 인연의 끈
부딪히며 감싸며
살아온 수십 성상
어느새 일심동체
사랑의 하모니 이루었으니

세월만큼
든든한 후견은 없더라.

한 잔

서산을 물들이며 넘어가는
노을 등지고 앉아
잔 속에 녹은 세월을 마시며
너에게 또다시 편지를 쓴다

길어져 가는 그림자처럼
깊숙이 들어앉은 그리움
너에게 해 줄 말 찾아보지만
끊어지는 공간을 채우지 못해
빈 잔만 어루만지고 있다.

쓰다가 잊어버려 다시 고치며
되씹어 보는 하고픈 말들
기울인 술잔 속으로 녹아들고
어둠 속에 비친 그대 모습
눈에 맺힌 이슬 속으로 흐려진다

술잔이 상념으로 넘쳐흐를 때
휩쓸려 사라져간 아픈 밀어
좁은 편지지 위를 떠돌아다니다
가슴을 토하는 한 마디라도
그대 가슴까지 닿기를 소원한다.

새싹처럼

푸석푸석 부서지는
땅거죽 비집고 올라 온 새싹
아직 어색한 햇살 바라보다
이제껏 함께한 흙더미에
괜한 트집 잡으며 밀쳐냅니다

지난 일을 추억하는 여유로
언 땅에 기대어 숨어온 시간
시리지만 않게 지낼 수 있었고
눈 속에 묻혀 있을 때에도
느긋하게 봄을 기다려 왔습니다

지난 가을 추위에 떠밀려 갈 때보다
더 여문 모습으로 돌아와
지난 인고의 세월 속에 닦은
강인한 내공을 바탕으로
새로운 꽃을 피워 갈 것입니다

앙증맞게 올라오는 저 새싹처럼
그리움도 부풀어가고
잎새에 번지는 물오름처럼 청초한 사랑
들불처럼 피어올라
그대를 귀찮게 할지도 모릅니다.

너에게로

창가에 쏟아지는 햇살
그 눈부신 빛줄기 속으로
너의 화사한 얼굴이 다가온다

파란 하늘가
몽실거리는 구름 너머로
네가 두고 온 미소가
아지랑이처럼 피어오른다

닿을 듯 말 듯 한 초원을 가로질러
바람결에 흔들리며
아스라이 지평선을 향한 오솔길
그 길 따라 핀 들꽃마다 스민
너의 숨결

가리라
고독한 어둠의 터널을 벗어나
사랑과 낭만이 넘쳐흐르는
저 고운 언덕길 너머
너의 낙원으로

매화

그윽한 향기 품어
영롱한 꽃잎 펼치며
부서지는 달빛 아래
서산마루 기대 선
주막집 여인 같은 자태
시인 묵객의 천 년 사랑

그리움 품고 웅크린 나날
망각의 여울로 보내고
이제 막 마음 열었을 뿐인데
불식간 떠나야 하는
슬픈 교차로 위의 속사
짧은 만남을 위한 침묵은
차라리 행복한 기다림

떠나보내고 돌아선
텅 빈 공간 속의 시간
지워지지 않는 잔상

마디마디 맺힌 속삭임
그 그늘 아래 숨어들어
다시 태어나 영원히 남을
사랑의 결실

사랑

한 줄기 흘러내린 불빛 따라
정처 없이 헤매는 마음
그대 향한 프리즘 지나
변함없는 굴절의 나침반
가슴 한 가운데를 꿰뚫은
범접하지 못할 나르키소스

지는 해 바라보다
빠져버린 동경 속의 이상향
그대에게로 향하던 시선
툭 떨어지는 허무함이 밀려오지만
보이지 않는 지표 아래를 달려
찬란한 부상을 향하고 있다

이슬 맺힌 영롱한 풀꽃 사이로
반짝이는 물결 위에 비친 모습
가슴에 품고 가야 할
한결 같은 순백의 사랑
은혜로운 삶의 자화상
세상을 일깨우는 영원한 숨결

아직 기다림이 남았어

흰 여울의 포말 너머로
마디마디 녹아든
그리움을 보았어

떨어지는 낙숫물
방울마다 새겨진
낯익은 얼굴

순간순간 다가오는 그대
꿈결에서만 기억되는
그 모습 그대로

하지만 다가서기엔
너무 먼 거리
아픔의 강이 너무나 넓어

그리움의 낯선 방황 뒤에는
아직
기다림이 남았어.

너의 곁으로

써든 포인트의 진한
와인 향기 깔린 창가에
잔잔하게 타고 흐르는
귀에 익은 선율
너의 모습 담긴 아리아

노을 비친 언덕에서
너에게 띄운 노래
낯선 길 위를 떠돌고
저 나무에 걸린 태양처럼
붉게 타는 그리움으로
하얀 밤 지새우며
별 쏟아지는 뜨락을 거닌다

풀잎에 맺힌 이슬처럼
맑은 사랑의 향기 찾아
너의 곁으로 달리는 지금
가는 길 따라 새겨둔
그대의 이정표
빛나는 그림자로 남아
나의 길을 밝힌다.

빗속에서

세찬 바람 속을 흩날리며
쏟아지는 빗줄기
어깨를 파고드는
차가움도 아랑곳 않고
은빛 사랑 빗속을 날아
그대에게로 가고 있다

비에 씻긴 그리움 조각
투명한 이슬 되어 흘러내리고
표류하는 목소리마저도
비에 실려 다가오는데
잦아드는 비의 나들이 따라
흐려지는 그대의 속삭임

떠나버린 잔영의 뒷자리에
깊게 패인 가슴속의 빈자리
돌아서지 못하고 머뭇거리다
떠나지 않는 그리움으로
내려놓지 못한 사랑
비에 녹아 스며든다.

수선화

파란 물빛 위에
아련하게 울려 퍼지는
청아한 목소리
물결 위에 머무는 메아리 되어
나를 부르고
던져준 그리움의 끄트머리만
갈 곳 찾지 못하고
물가를 따라 머물고 있다

맺지 못 한 인연의 끈
결국 운명의 도화선인 것을
감당 못할 이별 후
돌아갈 곳 없는 방황 속에
혼자 선 빈 자리
그대 떠나간 자리에 서서
버리지 못한
내 마음 풍덩 빠져든다

내려놓지 못한
사랑의 길
강물처럼 흘러드는
내면의 외로움
차가운 기운 맴도는 호숫가에
저토록 아름다운 꽃으로 피어나
밝은 햇살 아래서
나의 뒤를 돌아보게 한다.

어둠의 빛

까만 하늘 아래
꽁꽁 얼어붙은 땅 속에도
도도히 흐르는 한 줄기
어둠 속의 불빛

초라한 흔적 남기며
흘러가는 삶의 길목에서
시린 손 이끄는
길 잃은 나그네의 등대

떠돌다 지친 마음이
돌아가 머무는 안식처
방황하는 영혼의 도가니
사랑이여

민들레 향기

아무도
알아주지 않았다
그 노란 꽃잎의 역사

돌 틈새
비좁은 공간 밀치고
앙증맞은 표정 지으며
한 줌 햇살로
가득 목 축이고 있는
한 떨기의 민들레

시린 겨울 보내고
봄볕 채 다가오기 전
구석진 양지
더욱 환하게 빛내고 있는
새 봄의 유랑객

메마른 거리
지친 삶의 언저리에서
홀씨만큼은 좋은 데 가라고

알알이 날개 달아
멀리멀리 보냈는데

정해진 숙명의 수레바퀴
가장 척박한 곳에
가장 낮게 임하여
외줄기 뿌리 내리고 살며
세상의 별이 되고 싶은
민들레 향기

일편단심

죽어도
잊지 못하겠노라고
하늘 향해 외친 아우성
빗물에 녹아 다시 떨어져서
가슴에 맺힌 응어리
한 올 한 올 새겨진 그리움으로
그대를 향합니다

움켜쥔 봉오리에 갇혀
선뜻 다가서지 못한 어리석음
강렬한 태양 아래
부서지는 분수처럼
흩어지며 쏟아져 내리고
간절하게 피어오른 별빛 소망
한 줄기 바람에 실어
그대에게 보냅니다

오로라보다 눈부신
가슴속의 용광로
채우지 못한 갈증으로 허덕이고

떠나지 않은 그림자를 쫓고 있지만
갈라진 논바닥에 단비처럼
그대 기다리는 즐거움이
오로지
일편단심입니다.

밀물처럼

거스를 수 없는 회오리에 휘말려
둥둥 떠다니는 이 마음
머물 곳을 찾지 못하고
초점 잃은 시선만
저 먼 수평선 너머로 보내고 있다

그대가 저지선을 무너뜨리고
내 가슴을 가득 채울 때
갯벌의 숨구멍 막히듯
허우적대는 번뇌를 일시에 평정하고
내 젊은 날의 초상을 잠재웠다

밀물처럼 넘쳐 들어오는
그대의 별빛 같은 영혼의 숨소리
돛배에 실려 흔들거리며
푸른 바다를 가득 채우고
노도의 기세로 밀려드니
일찌감치 두 손 들어 항복하고
그대에게 내 전부를 맡길 수밖에…

눈 내리는 아침

에스프레소 향기 낮게 깔린
조그만 창가에
유유히 떠다니는 눈송이
무심코 지나친 날에 남겨둘
아픈 기억을 묻으며
저만치 떨어져 앉는다

하얀 꽃잎에 갇혀
대지를 떠돌던 허상
채곡채곡 쌓인 솜사탕 속으로
깊은 동면에 들면
넝마처럼 헝클어진 마음
그 아래로 찾아든다

다하지 못한 말들
가지 끝에 맺힌 얼음조각처럼
송이송이 차갑게 식어 가지만
눈꽃보다 짙은 그리움
뜨거운 가슴에 눈물 되어
뜨락으로 녹아든다

흩어지는 눈발보다
더 간절한 마음 담아 보낸
상처 입은 겨울의 연서
언젠가 돌아올 그 날의 뒤안길에
풀잎의 새싹 솟아오르듯
지치지 않는 기약을 되새기며
다시 피어나리라.

살며
사랑하며

2. 가끔은

겨울이야기

고개 숙인 길가 풀잎
때 이른 이별을 아쉬워하며
까맣게 타 들어간 가슴이
면사포처럼 하얀 추억 속에 빠져들 때
바람이 입 맞추고 지나간다

따사로운 햇살에
가지런한 돌담이 졸다 깨어나
싱긋 미소를 보내지만
이내 돌아서 밀려오는 그리움이
분가루처럼 흩날린다

그대가 다가오는 소리를 안고
가지 떠난 낙엽이 거리를 뒹구는데
그 바스락거리는 속삭임 위로
솜사탕 같은 눈발을 휘날리며
사랑을 품은 겨울이
문 앞에 서 있다.

나목

가지 떠난 잎새
대지의 품으로 잠들고
갈 곳 없는 나무에게
흰 눈 찾아와
아픈 가슴 달래준다

솜털 같은 눈꽃 아래
전해지는 눈먼 사랑
남겨진 그대의 체취
눈부시게 빛나는 보석되어
마디마디 달렸다

쏟아지는 순백의 침묵 속에
스치는 찬바람
뼛속까지 얼어버린 동토 위에
홀로 선 나목
오직 기다림의 약속 하나로
내일의 문을 연다.

연꽃

고요한 수면
톡 떨어지는 파문에 깨어난 연꽃
물기 젖은 모습 뒤에
가슴 깊이 묻어 둔
그리움만 몰래 키워 올린다

오뉴월 뙤약볕에 익은
뜨거운 정열은 어디에다 두고
저렇게 청초한 모습으로
수줍은 속살 내민 채
붉은 꽃잎 파르르 떨고 있을까?

밤새 흘린 이슬방울
채 가시지 않은 아쉬움 남지만
가는 줄기를 타고 오르는
그리움 덩어리
메마른 심장마저 숭숭 뚫어 놓았네

파란 하늘 향해 외치는 고백
대답 없는 외로움에 열리는 입술
혼미한 마음의 먼지를 쓸어내고
눈물마저도 아름답다고…
그윽한 향기 연못 가득 넘쳐흐른다.

어중지간於中之間

마른 수풀을 헤치고
다가오는 줄 알았는데
딴청 피우는 머뭇거림에
까맣게 타들어간 애간장만 남기고
슬그머니 꼬리 감춘
그대여

꽃 피고 새 울었지만
가지 끝에 맺힌 이슬처럼
하이얀 안개로 가린 채
언제 떨어질지 알 수 없는
나의 봄은 어디에

바쁘게 일어나
지평선 향하여 들판 달리는
아지랑이 뒤따라
개구리 뛰고 나비 날지만
뒤섞인 혼란은 가실 줄 모르네

노을빛에 실려 오는 소슬바람
스며드는 한기에 옷깃 여미며
매의 눈 치켜뜨고 둘러보지만
꼭 집어 단정할 수가 없어
봄인지 여름인지
아님 아직 겨울인지…

양귀비

빨간 입술 열어 전한
사랑의 고백
저 하늘 위에 떠다니고

화톳불처럼
뜨거운 심장의 외침
한 잎 한 잎 떨어지는 꽃잎에
눈물 자국으로 맺혀
가슴에 미련으로 남는다

긴 목 한들거리며
부르짖는 애절한 단심가
싸리 문짝을 비집고
초가삼간 섬돌에 낮게 깔리니
임이여 정녕
이 마음 받아주오

오뉴월 뙤약볕에 그을린
애달픈 갈망
깊어만 가는데
뉘엿뉘엿 넘어가는 석양 아래
못다 이룬 사랑의 꿈
밤이슬 살포시 볼을 적신다.

산수유

찬바람
다 지나가기 전에
하얀 눈송이 염색하여
노란 옷 얼른 갈아입고
가는 겨울 배웅하고 있다

보이지 않던 꽃잎
그리움의 여심 젖어드니
창가에 얼굴 내밀고
보름달처럼 따스한 미소로
봄 색상을 수놓고 있다

처마 끝에 꽃등 내걸고
하늘거리는 산수유
그 교태에 빠져
오는 길을 주춤거리던 봄
발걸음 성큼
들어설 수밖에 없었나 보다.

빈 하늘

떠도는 기러기
사라져 간 하늘가

시리도록 파란 채색 위로
찬란한 태양 떠오르면
땅 위에 붙어사는 습생들
환희의 노래 부르고
구름 뒤에 숨겨 둔
참았던 눈물 쏟아낼 때엔
그대 향한 그리움으로
낮은 하늘을 가득 채운다

오가는 길손들 사무치는 향수
끝없이 이어가는
삶의 굴레에서
하늘 위로 띄운 소망
스쳐가는 바람에 실어
언덕 너머 보내며
꽃향기 가득 담아
무지개 타고 오른다

어둠 찾아온 밤
달무리 가에 모여든
별빛 사랑 고요 속의 조우
반짝이는 눈길
가슴 저미는 속삭임
은하수 너머로 묻혀 가고
멀어져 간 벗에게 보낸 편지
텅 빈 하늘가를 떠돈다.

오죽烏竹

비워서 강해진다지만
텅 빈 가슴에 공허함을 남기고
안으로 쏟아내는 외침에
까맣게 태워버린 거죽이 무색하게
도도함만은 끝까지 지키려 하는가

푸른 기개 뻗어 나와
칼날 같은 잎새에
폭포수처럼 쏟아지고
꼿꼿이 일어선 줄기의 도발
풀지 못한 인연의 무게에 부딪혀
외돌기 매듭 되어 마디마디가 되었다

달빛 흐르는 바위틈 타고
스치는 바람에 무릎 시려올 때면
부엉이 울음소리에 밤 깊어 가는데
초연한 모습으로 서성이는 오죽
그래도 그리운 건 그대이어라.

비의 노래

차가운 가슴 녹이며
후두둑 떨어지는 비
지친 오후를 적시며 다가와
닫혀 있는 침묵의 문을 연다

잊고 지낸 친구의 수다처럼
우루루 몰려와서는
이곳저곳 뛰어다니며
쉬지 않고 떠드는 비의 노래

기다림의 끝을 붙잡고
찾아온 빗줄기가 가져온 선물
양철 지붕 두드려
들려주는 사랑의 하모니

구름

저기 햇살이 피워 올려
사랑스러이 만지고 있는
구름이 부럽다

예쁜 모습으로 놀다가
심술부리기 일쑤인
통제불능 어린아이처럼
변화무쌍하지만
삶에 생명을 불어넣는
구름이고 싶다

의지엔 상관없이
바람에 떠밀려 다니며
천하태평 두둥실 유람 중에
잊었던 그리움에 가슴 적시면
자기 몸 줄여 비 뿌리는
구름이고 싶다

미웠다
고왔다
튀는 방향 알 수 없어
천방지축 조바심만 일으키지만
그래도
나는 구름이 좋다.

낙락장송

모진 북풍 찬 서리
사랑으로 물려 세우며
벼랑 끝 터 잡아
독야청청 살아온 세월
먼 기다림 속에
그대 향한 그리움 있기에
행복한 봄날을 맞이합니다

푸르름의 너머
허공을 가르며 압도하는
고독한 영혼의 위엄
오로지 그대에게 보내는
절규의 메아리로
한 결 같이 천 년의 무게
저 거친 바위 위에 얹어 갑니다

저 산에서 씨앗 열어
지켜온 진솔한 삶의 역사
뿌리 깊은 나무의
끝나지 않은 인고의 길

그대의 영원한 등대 불빛처럼
바위틈에 새긴 그리움
되돌아 올 천 년을 안고 가야할
나만의 사랑이여.

라일락 때문에

문틈이 벌어졌는지
살금살금 들어온 보난자
불청객인지
미청객인지 콧등을 자극한다.
어디서 오는 것인지
있는지 없는지 알 수 없는 실체
보고픈 맘 참지 못하고
살금 내다보니

수수꽃다리 망울 터져
소리 없이 외치는 아우성 아래
활짝 핀 꽃무릇 사이로
몽실몽실 배어나는
사월의 향기
그 그늘에 숨어든
녹색 그림자
변함없는 생동의 향연

별빛 쏟아지는 밤
찬 이슬과 어울려

꽃잎 짙은 갈무리하고
한밤에 들려오는
사랑의 추임새
더욱 진한 향기 배합하여
새벽 뜨락에
가만히 내려놓는다

라일락 때문에…
가는 봄 아쉬워도
기꺼이 보낼 수 있겠다.

봄비 맞으며

부드럽게 흩어지는 물방울
허공을 떠다니다
처마 끝에 맺혀 떨어진다

톡 떨어진 자리에
작은 연못 생기고
녹아내린 땅거죽에 꽃잎 남긴다

촉촉이 젖어가는 새싹처럼
숨 못 쉬는 그리움은 커져 가고
안개 속에 잠긴 허상만 바라본다

희미한 기억 속의 한 모퉁이에서
기약 없는 기다림 속의 그림자
불러서 닳아진 모습인데

부르짖는 몸짓보다
갈 곳 못 찾은 마음의 생채기
비에 씻겨 땅 속으로 스며든다.

너의 뒤에서

흑백 사진 속에서
보이지 않을 때까지 걸어
하얗게 지워져버린
너의 뒷모습

스치는 미소
뇌리를 떠나지 못하고
희미해져 가는 저 오솔길 따라
짙게 배인 너의 흔적
땅거미처럼 번진다

떠난 후 찾아온
적막감의 소용돌이
돌아서는 발자국
길게 늘어진 그림자마저
외로운 잿마루를
뜨지 못하고 서성인다

빈 모퉁이에 홀로 서서
하늘가로 몰려들어
빛살 따라 부서지는 그리움에
목메어 부르는 외침
활화산 되어
너의 뒤에 타오른다.

매화가 피기까지

어제도
오늘도 내다보지만
그린 임 발걸음은
왜 이렇게 더딘지
방울마다 맺힌 그리움
터질 듯 깊어가건만
오늘도 돌아서는
기다림의 끝엔
아쉬움의 눈물 맺힙니다

남녘 이웃 동네엔
벌써 오셨단
소문이 들려오는데
아직 녹지 않은
잔설에 길이 묻혀
오지 못하는 그대

그대 피어나는
그날을 위해

여태껏 간직한 나의 순정
다 주어도 모자람이 있지만
아직 기다림에 빠진 풋사랑
기다림 끝에 다가온
그리움은
그대의 그림자

봄이 옆에 와 있네

물 오른 수양버들
꺾어 보지 않아도
줄기에 맺혀 얼었던 마음이
아지랑이와 어울려 하늘을 난다

사방이 두런두런
소생의 속삭임 가운데
성질 급한 풀꽃
벌써 나서서 요란 떨고 있다

봄의 여신이 지날 자리
부지런한 호각꾼의 부산함 뒤로
물 녹는 소리 깊어만 가고
피어나는 그리움이 따라 나선다.

부름트기

참았던 입술
살포시 열어
송올송올 쏟아내는
꿈속 별빛

하늘 열리고
빛나는 태양의 환영
설렘 속에 나서는
꽃술의 외출

첫눈 사랑에
가슴 파고드는 향기
감출 수 없는 유혹
나락에 겹친 혼미

비 내리는 오후

사랑이 찾아오려나…
처마를 타고 내리는 빗물
겨울을 가르고 다가와
포근한 바램으로 들어온다

떨어지는 낙숫물 소리에
녹아드는 상념의 고동소리
흩날리는 빗방울처럼
지축 잃은 나침반의 흔들림

잊을 수 없는 것을
잊으려하는 어리석음에 갇혀
들판을 떠돌아다니다
돌아와 앉은 자리에
영혼이 지고 가야할 멍에
스며드는 그리움

벚꽃

하늘하늘
바람에 날리는
붉은 꽃잎

따사로운 봄볕 맞으며
참기 어려운 졸음에
배냇적삼 벗어 던지듯
떨어지는 꽃잎
그 뒤로
살짝 엿보이는
수줍은 젖가슴

찬 이슬 머금고
수줍게 피어날 자리 엿보다
불꽃처럼 태워버린
정열의 개화 삼일

소리 없이 내려놓고
휘날리며 흩어지는
떨어져서 더 아름다운
슬픔 안고 가는 꽃

겨울비

대지를 적시며 숨어드는 물방울
차가운 냉기마저 아랑곳 않고
가만히 어깨 위로 내려앉는다

겨울이 깊은 우물처럼
무거운 몸을 웅크리고 있는데
마른 가지 위의 몇몇 잎새는
뜨거웠던 추억을 되새기는지
흩어지는 비를 철없는 무동삼아
쉼 없는 푸념을 쏟아낸다

그대 길을 나서며
뒤돌아서서 보내는 눈빛이
우산살 사이에 가려 촉촉이 젖어간다
계절을 잊은 검은 빗줄기를
쓸어 품듯이
자욱하게 안개 깔리고
흘러가지 못하고 고이는 물 위로
생각 없는 가로등 불빛만 남았는데
이미 보이지 않는 어둠 속으로

점점이 멀어지는 그대 발자국
갈라진 입술 사이로 배어나는 탄식

철벅거리는 겨울의 언덕 너머로
놓지 못할 인연의 두터운 끈
달려가는 그리움의 끄트머리엔
떨치지 못한 미련이 회한으로 맺혔는데
처마 끝에 떨어지는 낙숫물은
목메는 나의 마음을 비난하듯
쉼 없이 봉창을 두드린다.

살며
사랑하며

3. 산다는 것

삶

쳇바퀴에 갇혀
제자리를 맴돌지라도
눈은 멀리 보고 있어야
희망이 뜬다

뻘이 깊다고
겁먹지 말 것이며
산이 높다고
포기하지 말라

오늘 지는 해
어김없이 내일을 기약하고
폭풍우에 잘린 언덕에도
다시 풀은 난다

벼린 쇠가 단단하고
깨진 돌이 날카로운 법
시련의 사막을 건너야
오아시스를 만날 수 있다

바다에 파도가 없으면
죽음을 의미하며
인생에도 바람이 불어야
살맛이 난다.

그루터기

메마른 입술
지친 뒷모습
무서리 덮인 논바닥에
슬픈 그림자를 드리운 채
인색한 석양을 보내고 있다

시끌벅적 떠들며
함께한 열망과 추억
이랑 사이마다 배어 있는데
느닷없이 맞이한 이별
비수 같은 고독
가슴을 파고든다

휑하니 비어 버린 들판
바람이 맴돌다 간 자리
타는 그리움으로
깊어가는 겨울의 가장자리
지키는 그루터기

탄생

밝은 빛 찾아
칠흑 어둠 뚫고
순리라는 절대자의 인도로
세상에 태어나는
우주의 신비

가르쳐 준 일 없는데
사랑의 힘으로 얻어진
무에서 유의 창조
생명의 탄생
처음 만나는 순간의 환희는
기다림에 대한 보상

봄꽃 동산에 피어난
세월의 윤회
동토 아래서 꿈꾸던 바람
청솔가지 끝에 솟아나는
새순 굳어가듯
뿌리내리는 삶의 역주

매화 피던 날

매화가 피었네요.
눈 속에서의 긴 기다림이
추운 겨울 가지 끝에서
보리밥 알 터지듯
하루 밤새 피어났네요

흩어지는 향기에 취해
모처럼 일 나온 벌 나비도
추위에 떨고 있는데
활짝 웃는 꽃잎 펼치며
따뜻한 햇빛 대하고 있네요

고향 언덕에서 맞이하던
아름다운 봄의 전령사
만개한 모습 수줍어하며
살짝 숙인 꽃술 따라가 보니
내 눈에도 오는 봄이 보이네요.

세월

가버렸다고
애써 외면하려 하지만
뚜렷이 남은
그 흔적 앞에
특히 할 말이 없다

왔다 가는 흔적도 없이
왜 울고
웃는 것까지 간섭하는지
오는 모습 보이지 않고
지난 자리만 텅 비어 있다

부르는 소리
잦아들지 못하고
묻혀간 저 언덕 가에
피어난 풀꽃처럼
소리 없이 외치는 아우성

술잔 속에 비쳤다
체념 속으로 사라져 버린
인적 없는 바닷가
파도처럼 왔다 가는
덧없는 세월

모퉁이

한 발짝만 더 나서면
확인할 수 있을 텐데
그 자리에 붙어 서서
내내 불안해하고
그리워한다

앞을 가로막은 장막
조금만 돌아가면 되는데
무모한 도전에 빠져
바로 넘어 가려다
얼어붙은 돈키호테

모퉁이 뒤에 서 있는
그대의 기다리는 마음
알지 못해 안달하며
다가서지 못하고
하릴없이 서성이다
저기 늘어선 그림자에게
어찌해야 할까를
물어본다.

소주

혀끝에서 거부한 맛
목젖을 넘어가며 살아나고
위장에 닿아서 새롭게 태어나니
알싸하고 뜨거운 감촉
씨원한 맛으로 눈속임하는
삼천만의 사랑

시름을 날려버리며
애환을 함께 하는 술
첫 잔에 띄워
그대에게 보낸 엽서
둘 째 잔에 녹아
가슴까지 배달되니
화답하는 건배사에 애정 담아
부딪히는 잔 사이로
피어나는 사랑

뜨겁게 오가는 눈빛 담아
한 잔은 너를 위하여
다음 한 잔은
모든 이의 사랑을 위하여
꿈을 키우는 시간
소주가 가져온 백 년의 희로

안개 속에서

여명黎明이 다가오며
떠나는 어둠을 붙잡은 안개
자욱하게 논밭에 깔리고
저 외로운 겨울나무는
백색의 정염靜染에 사로잡혀
그림자조차 잃어버렸다

안개에 갇혀 있는 나뭇가지에
찾아온 산새들도
낮은 소리로 수군거리며
둔한 움직임으로
어수선한 아침을 맞는다

축축이 젖은 풀잎 헤치고
멀리서 덜거덕거림에 뒤섞인
소 울음소리와 워낭소리
지게 위의 무거운 쟁기가
제 힘에 부쳐 몸을 굽히고 있다

한 줄기 바람이 헤집고 간 자리
눈부신 햇살이 따라와선
들녘으로 향하는
늙은 농부의 등 뒤에 꽂혀
피워 올린 담배 연기에 흩어진다.

흩어진 날

강가를 몰아치는 바람 따라
부딪히는 빗방울같이
정리하지 못한 내면의 함성
움츠리고 있는 마음속을
헤집고 다니고

여기 저기 외면 받다
헛간의 먼지 쌓인 기억 옆에
뿌연 전등 불빛 쫓는
하루살이의 비행처럼
방향 잃은 정체성

백 번을 뱅뱅 돌아도
벗어나지 못하는 무대에서
넋 놓고 주저앉은
어설픈 광대의 고뇌처럼
안개 속에 갇혀 흩어지는 일상

가을 그 후

아직 열리지 않은 동공 속으로
가만히 숨죽인 뜰 안의 전사들
삼단 결의 두꺼운 연무를 두르고
다가온 여정에서 남겨둘 기억과
이슬의 계시를 받고 있다

뜨겁게 살아온 다툼의 장을 넘어
아직도 달려가는 여운을 뿌리고 있지만
감추고 싶은 자아의 빛바램으로
조금씩 노출을 줄이는 시간
애써 외면해 버린 무심함이여

발 묶인 네온등의 애환처럼
퇴색해 버린 가을 속으로
체념하기엔 너무 돌아와 버린 길이지만
한 줌 지각의 온기에 힘을 얻어
미동조차 줄여 버린 어둠 속에서
오롯이 품은 아픔의 재회를 기다린다.

흙과 뿌리

운명의 수레바퀴가 멈춘 자리에
길이 끝난 것 같았지만
땅속에서 피워 올린 정기 받으며
붙박이로 살아가는
떠나지 못할 인연의 연결 고리

두터운 믿음을 바탕으로
의지하며 살아가는 따뜻한 동거
깊어져가는 사랑은 변함없건만
모진 비바람에 휩쓸려
자꾸만 멀어져 가는 흙의 비애

흐르는 세월의 흔적 앞에
속절없이 씻겨나간 땅거죽 위로
발가벗겨진 나무의 뿌리
앙상하게 드러난 허전함이
떠난 임 그리는 마음보다 붉더라.

은혼식 소회

생의 길목에서
그대를 만나게 된 건
가장 극적인 운명의 도화선이었어
무엇을 해야 할지도
제대로 알지 못한 채
덥석 잡은 손에 이끌려
무작정 걸어온 길
산 넘고 물 건너서
어느덧 오늘 은혼을 맞이했네요

인생이란
거친 바다에서
일엽편주에 의지하여 노 저어 갈 때
대포 한 잔 서로 나누며
힘 모아 헤쳐 왔고
먼 길 지나와서
돌아보는 그 세월이
순간의 추억으로 남는 것은
후회 없는 삶의 반증이겠지

앞으로 나아갈 길 역시
험난한 도전의 행로이겠지만
그대의 이정표 언제나
빛나는 별로 자리 잡고 있기에
지치지 않는 여정을 계속하리
그리고
하늘의 천사를 현혹하여 불러 내린
뻔뻔함을 무기로
멋진 우리의 미래를 열어 가야지.

돌쩌귀

돌아서서도 보이지 않고
따라 나서지 못하는
설움 때문에
구석으로 숨어들었나

심장을 연결한
인연의 끈은
쇠줄보다 질긴데
한 마디 외침은
입안에 가두어 버리고
그을린 손만 늘어뜨린 채
제자리만 맴도는
안타까운 몸짓

피치 못할 이끌림으로
애타는 달바라기 되어
매만지며 지내온 세월
꺼칠한 모습
기다림을 말하나
쉬어버린 목소리만
삐그덕

머무는 길에

가는 길이 다르다고
처음 본 인연은 아닐 터인데
돌아서 올 때에는
언뜻 초면이 되어버리고
그런 모습에 익숙해진
삶을 지고 가는 인생

너와 나의
그 얼마나 많은 갈등이
짓눌린 퇴적층의 아픔처럼
한 줄 한 줄 새겨진
시멘트 바닥보다 차가운 현실
되돌리고 싶어도
이미 건너 버린 다리

가다가
한 번 쯤 돌아보고
모진 인생 모난 모습
조금씩 지워 가는
여유로운 가졌으면 좋으련만

한 걸음 옆으로 비켜서지 못하고
집착에 목메어 끌려간다

스러져가는 모습들
가슴에 품고
사랑할 수 있으면 얼마나 좋을까
종이쪽지만도 못한 편협을 거두고
사랑이 번지는 마음으로
대지를 향해 활짝 펼쳐졌으면
만나는 모든 이들이
다가올 수 있도록

인연

산다는 게
서로간의 부대낌이지만
별나게 부딪혀
산통 깨는 것을 일컬어
특별히
인연이라
한다

부딪히면
깨진다는 거 알면서도
부딪히는 건
인연이라는
덫에 갇힌
삶의
숙명이다

이래저래
실없이
인연을 그리워하고

부딪히고
후회하는 건
어쩔 수 없는
자연의 이치다.

진달래꽃

다가설 듯하다가
붉은 홍조만 남기고
저만치 멀어져서
수줍은 미소만 흘려보내는
부끄러움

이른 새벽
흠뻑 젖은 이슬 모으며
피어나
한 마디 말도 없이
바라만 보다
멀어져 간 저 하늘

부평초 떠가듯
믿지 못할 봄날을 보내며
잘 가란 인사도
안으로 삼키고
돌아선
슬픈 외면

봄 여울

닫혔던 문 열어 새 바람 불러들인다.
꽁꽁 얼어 내왕 않던 인연의 고리
갑자기 장날 가는 모임 이루어
끊임없는 좌충우돌로 먼 길 달려간다

골짜기를 우르릉거리며 내려온 행렬
옆 골과 만나 충돌하고 튕겨나지만
이내 잠잠해져 언제 그랬냐는 듯
함께 어울려 한 방향을 찾아 간다

붙박이 같았던 어제까지의 앙금
한 모금 훈풍으로 모두 걷어버리니
모두가 같은 색 같은 형상으로 뒤섞여
서로 휘감고 흘러가며 만드는 봄의 왈츠

와인

보헤미안 글라스의
예리한 파공음 허공을 가르면
깊게 가라앉은
호수에 물결이 일고
투명한 유리잔에 부딪혀
사방으로 퍼져 나가는
부드러운 향기

깊숙이 흐르는 땅 속 생명수
줄기 타고 올라 잎 끝에 맺혀
이글거리는 태양의
폭발하는 열정 담고
이슬 방울 쓸어담아
빚어낸 붉은 감로주
촉촉히 다가오는 그 느낌

떨어지는 석양 뒤로하고
그늘진 옹달샘에 떨어지는
드문드문 낙수의 선율
나지막히 다가오는 소리에 취해

음미하는 붉은 포도주
그 입술 위로 다가오는
사랑의 눈길

비의 초대

메마른 대지 적시며
내리는 빗방울 따라
중심 잃은 마음도 가라앉고
비 사이로 들려오는
그대 목소리
불현듯
실려 온 그리움
뜨락 앞에 가득 쌓여
멍든 가슴 무겁게 한다

풀잎에 떨어지는
비의 사랑
아낌없이 받아들여
생명의 꽃 피우는데
또닥거리는 빗소리에
잠 못 이루는 밤
안달하는 연모의 덫
비에 젖은 그대 모습 그리며
슬그머니 빗속으로 나선다.

함께 가는 길

가는 길이
다른 줄 알았는데
종착역에 닿아 보니
한 두 걸음 엇갈릴 뿐
모두가 한곳에 모여 있었다

삶이라는 무도장에서
함께 어울려 놀다가
뿔뿔이 흩어져 제 갈 길 가지만
가는 곳은 모두가
가슴속에 품고 있는
도피안으로 향하는 길

어차피 같이 사는 세상
괜한 욕심내지 말고
밀고 끌며 옆도 챙겨가면서
더불어 사는 것이
먼 길을 가는 지혜가 아닐까?

살며
사랑하며

4. 그곳에 가면

땅끝에서

한 발
내딛지 못하는 안타까움 쌓여
가지런히 내려놓은 발치 아래
물에 잠긴 섬들 모여
그리움의 크기만 키워간다

내 언제
사랑을 목 놓아 불러보리라
해진 땅 끝을 달려왔건만
저 아래 뚝 떨어진
너의 모습에
안으로 삼킬 수밖에 없는 외침

부르지 못한
회한의 이름 두 글자
그대에게
맡기고 돌아서노니
저 푸른 물결 너머로
띄어 보내주게나.

기차여행

기차는

철컹철컹
알아서 잘도 간다

한눈팔지 않고
줄 그어 놓은 데로 잘도 간다

불빛 창가에
흔들리는 산 그림자
지우지 못한 추억의 끈인가
낯선 이방의 모습이
왔다가 지나가고
다시 다가올 모습을 기다리지만
채 끝도 제대로 보지 못하고
떠나보내는 것을
인생의 기회도 이와 같은 것인가

한 줄의 트레인에 묶여
어디론가 끌려가는 인생

촌각의 찰라만 허용되는 아쉬움
저 먼 불빛이 별똥별처럼 지나가면
마음속에 품고 있는 응어리
주루룩 흘러내린 차창의 빗물에 녹고
빗물조차 씻지 못한 상처
오선지 위의 음표 되어 춤을 춘다

덜컹거리는 차체에 실려
잠시 멈추는 순간의 고요
여름날 매미 울음소리처럼
어디 숨어 있다가
왁자지껄 깨지는 분주함이 지나가면
자욱한 안개 속으로
깜빡이는 가로등 아래
역마살 진 나그네
길게 늘어선 그림자마저
외로움에 떨고 있다.

마테호른

별빛 내려
사뿐히 떠난 자리
새긴 언약 멧부리에 남기고
지나친 찬바람도 다시 돌아와
얼어붙은 언저리에서
거친 숨결 쏟아 낸다.

시린 하늘로 솟아 오른
세상의 모든 꿈들이
저 높은 봉우리에 닿으면
바람결에 실린 그리움
어둠 헤치고 나와
몽실몽실 피워 올린 구름에 녹아
더딘 걸음으로 내려와선
텅 빈 가슴속에 들어앉는다

아득히 바라보는 그곳
뻗어가는 십자성의 빛줄기
목메는 사랑의 외침
메아리 되어 호수 깊숙이 가라앉고

붉게 타오른 심장의 표호
생명의 불화살을 쏘아 올리니
그대 진정
장엄한 알프스의 영봉

고독한 산 그림자 길게 늘어뜨린
체르마트의 기울어진 와인 바
나지막하게 깔린 붉은 포도주 향기
한 여름 산속의 정취를 부르고
잊지 못할 마테호른의 미소
끝나지 않은 인연의 카테고리
가슴에 남을 영원한 모습

채석강

켜켜이 쌓인 그리움
가슴 저미는 고백
주름진 저 바위
한 장 한 장 겹쳐질 때
소리 없이 순장된
그대와의 기억

떠난 그림자 끝을 붙잡고
텅 빈 바다 위를 떠도는
못난 나의 허상
돌 틈마다
이끼처럼 맺히는 후회

우수에 씻기어도
지워지지 않는 모습
밤새 바닥을 파며 울어도
다가오지 않는 그대

촉석루

푸른 기개는 하늘을 찌르고
아스라이 절벽을 끌어 올리고 선
장엄하고 아름다운 모습
만대를 두고 우러러야 할 자태건만
피 묻은 처마 끝에 어려
통곡하는 역사의 근저엔
포악하고 더러운 생태를 가진
왜놈들이 깔려 있다

한 스린 한 여인의 염원마저도
죽여도 시원찮을 도적의 추한 몰골
저 누대의 기초석에 아로새기고
이 천 년의 풍상을 견디는 것보다
쓰라린 아픔을 반추하는 왜놈들
그 시체 겹겹이 쌓아 딛고 선
인고의 모진 세월
불같이 일어나는 원한 맺힌 저주

꽃피고 지는 계절의 흐름도 잊고
언덕 위를 지키고 있는 촉석루

달 밝은 밤 오죽을 스치는 바람결에
놀란 가슴 움츠리며 일어나
수심에 찬 칼날 곧추세우고
장탄식 휘저음이 지축을 흔드나니
끝나지 않은 애증의 깊은 골
저 아래 떠가는 유등까지 울린다.

월하탄

물기둥 거슬러 올라
계곡 바닥을 파고
드센 소리 사방에 울리어
진동하는 골짜기
푸른 소 가득 흰 구름 띄운다

행여 돌아올 기약 없이
떨어지는 저 물결
떠나기 싫은 목멘 외침
가슴 저미는 하소연
청경지수 인월담에 녹아든다

달빛 교교히 흐르는 밤
홀로 남은 적송 아래
쉼 없이 흐르는 물결
한스린 사연 각인하는 이별가
월하탄 넓은 벼랑이 운다.

북한산

지축을 지키던 장엄한 바위
땅 위에 모습 드러내
산봉우리 올라가
도 닦으며 자리한 억겁의 세월
풍우 형제 찾아와
옆 길 내고 도랑 파서
가마득한 골 만들었네

저 산 위의 저 여인은
어떤 사연 어떤 눈물 품고 있길래
이 험한 산정 모퉁이에
천년송 품고 앉아
삭풍에 맞선 허리춤 내어 놓고
공기돌로 화한 남정네
오봉을 바라보고 있을까?

천축을 향해 손 모은
선인봉의 경건한 모습
주위 분위기를 제압하고
그 기운 타고 내려

계곡 가득 솔향 넘쳐흐르는데
십리를 흘러내린 거울 같은 옥수
송추폭포에 이르러
소담스런 웃음을 보내며
미끄럼을 탄다.

프라하

블타바강 소리 없이 흘러서
호리병처럼 도시를 감싸고도는데
미로 같은 골목길을 들어서면
네모 조약돌 모자이크 위에
시공이 훌쩍 중세의 세계로 빨려든다
빼곡하게 들어선 고색창연한 석조 건물
시선을 압도하는 위엄을 표출하고
돌 위를 덮고 있는 이끼만큼
깊은 사연을 안고 나지막히 깔리는
크리스탈처럼 맑은 보헤미안 선율이
과거와 현재를 연결하고 있다

카렐 대교를 지키는 동상들의
짙은 외투만큼 절절한 고뇌를 함께하며
언덕 높이 자리 잡은 프라하 성
장엄한 위용으로 사방을 굽어보고
주위를 맴도는 물안개도
차마 가까이 가지 못하고 있다

달팽이 계단을 돌고 돌아
헐떡이며 도착한 탄약고 망루
저 아래 바라보는 확 트인 풍경
끝없이 펼쳐진 붉은 기와지붕 사이로
우뚝 솟은 검은 탑은 나이에 그을린 흔적
발가락이 부르트도록 돌아다녀도
경이롭기만 한 선인들의 발자취
수 백 년 역사를 새기고 있는 천문시계는
오늘도 변함없이 수레바퀴를 돌린다.

제부도

일렁이는 파도 잦아들고
깊숙이 가라앉은
아틀란티스의 길 솟아오르면
파도처럼 멀어진 물길 사이로
그리웠던 만남 찾아와
인연의 정을 나눈다

넓게 열린 갯벌
붉은 태양 아래 얼굴을 내밀고
더운 숨을 고르는데
숨바꼭질하는 게들의 소란에
망둥이 어리둥절
커다란 눈망울만 굴리고 있다

저 멀리 매봉우리
붉게 타 오르고
갈매기 높이 날갯짓하는 가운데
약속의 시간 다가오면

누애섬 등대
쉼 없는 손짓으로 불러보지만
아득히 바다 위로 떠나가는 뒷모습
다시 이별을 고하는 제부도.

청계사

국사 이수 매봉
늘어서서 영기를 내리고
청계천 새암 품은
풍경 소리 천년
속세 떠난 무량성지
고즈넉한 바람 따라
또 하루가 지나간다

목탁 소리 들으며
때에 찌든 마음 씻고
흐르는 물결에
길 잃은 마음 떠나보내며
임 향한 묵언수행
슬피 우는 두견새도
돌아서서 흠향하며
해탈의 문을 나선다

솔바람에 흩날리는
길 벗 없는 나그네의 외로움
피어나는 굴뚝 연기 타고

저 깊은 산 속까지
먼 길 돌아갈 즈음
석양에 기울어진 당간 세우며
청계사 극락보전
무거운 정적에 빠져든다.

파밀리아

어떤 집념의 화신 내려와
검은 암석에 새 생명 불어 넣고
동원 가능한 모든 상상이 무색할 만큼
저토록 아름다운 모습을
세상에 탄생시켰을까?

끝 모르고 올라간
네 개의 주탑 아래
얼기설기 얽힌 시련의 역사
고스란히 배어있는
고뇌의 수레바퀴 아래로
한 시절 흘려보낸 세월의 흔적

저 위를 떠도는 까마귀마저
한 스린 몸짓으로 날갯짓하고
한 젊은 건축가의 번뜩이는 지혜로
탄생한 유일한 걸작
때 묻은 문설주에 비친
석양을 보내고 있다.

장미의 초대

가자
저 너머 보이지 않는 곳에
기다리는 그대의 맑은 미소
송이송이 마다 맺혀
아침 이슬에 녹아내리는
투명한 물빛 사랑

가자
그대 숨결 배어있는
강기슭의 장미 화원
자욱한 물안개 뚫고
불타는 가슴을 파고드는
영롱한 꽃잎에 아로새긴
아름다운 초대

가자
하얀 날개 하늘로 펼치고
무지개를 향하고 있는
파랑새의 보금자리

붉은 장미터널 가로질러
햇살 아래 빛나는 푸른 언덕
그대에게로 달려가자.

꽃길 백 리

하동 포구 열린 산 어귀
포근한 봄날 내린 벚꽃 백 리 길
하늘을 덮고 있는 꽃의 동굴
섬진강 양안을 달리고

평사리 건너던 돛배는
세월의 무게 속으로 사라졌지만
하얀 백사장 갈대들 속삭임 들으며
옛 생각에 젖어 있는데

바람이 지나며 흩날리는
함박눈처럼 쏟아지는 꽃잎처럼
유유히 흐르는 저 푸른 물결도
꽃의 그늘로 스며든다.

주목朱木

천 년의 세월을 품고
붉은 속살 내비친 채
찢어진 검은 외투
주름진 넝마 한 조각으로
얼어붙은 겨울 자락에 기대어
잠든 설원을 지키는
침묵 속의 파수꾼

바람맞이 언덕배기에서
스치는 바람도 인연으로 여기며
삭풍 휘젓고 지나간 자리에
숯 검댕이 된 고독을 삼키며
시린 추억 가슴에 새기고 있는
무심한 산정의 신사

긴 밤이 할퀴고 간 상처
초탈의 공간에 묻어버리고
부동의 모습으로 서 있는 주목
못 다 이룬 세속의 한
눈 아래 지나가는 구름 위에
그리움으로 띄어 보낸다.

철쭉꽃 합창

산등성이 너른 마당 가득 채우고
나지막히 울리는 애잔한 노래
여느 나무 찾지 않는 민둥산 감싸 안고
슬프도록 짙은 정염의 빛을 쏟는다

수목 사라진 곳 방초 더불어 살면서
골짜기를 가득 채운 철쭉의 연가
송이송이 담았던 기다림의 발산
바람맞이 언덕배기 뜨겁게 타오른다

마지막 외침의 고백 메아리 치고
저 산줄기 따라가며 흐려지는 목소리
여름의 기별 아래로 사라지는 꽃잎
두고 간 그리움만으로 또 한 해를 버틴다.

17 마일 드라이빙

몬터레이의 망망대해 수면 위를
한가로이 유영하고 있는
은빛 태양을 뒤로 하고
산허리 따라서 한 바퀴 돌아가면
아름드리 원시림의 호위 속에
인적 끊긴 숲길이 나타난다

자욱한 물안개에 묻혀 뒤척이는
산길을 미끄러져 내려가면
확 트인 언덕에 맞닿아
표효하는 태평양에 가슴 내어 놓고
거친 파도 칼바람에도
새들의 보금자리 되어
변함없는 우정 나누고 있는
지상 끝의 낙원 버드 락

아득히 보일 듯 말 듯
일렁이는 물결 위에 떠 있는
고독한 바위에 뿌리내린 채
삼백 년 역사를 새기고 있는
론 사이프러스 옆으로

카멜 코우스트를 집어 삼킬 듯한 파도
새하얀 포말 내세워
저 심해의 표정을 대변하고 있다

끝없이 펼쳐진
다육이의 움직임으로 탄생한
양탄자 꽃밭에 에워싸인
가식 없는 절대 단순
던져진 녹색 평면의 구도로
주위의 조잡함 제압하고
모든 아름다움 가운데 승리를 단정하듯
느긋하게 누워 있는 페블비치

그 짙은 녹음이 물결치는
호숫가에 발 담그고 늘어서서
숲에 기댄 채 호흡하며 살아가는
동화 속 그림 같은 하얀 집
자꾸만 발길 멈추게 하는
유토피아의 꿈속 이상향
파노라마를 펼쳐 내듯
백 리 길 위의 크로키로 지나간다.

산행

깊어가는 골짜기
넘쳐흐르는 생명의 온기
지나가는 걸음걸음
이어지는 숲 속의 대화
등에 배인 땀방울만큼
가득 담은 이야기

자연과 함께하는
행복한 나들이에
골 따라 흐르는 물소리
가쁜 숨 몰아 쉴 여유를 주고
묵직한 발걸음 놀려
돌리는 지구

산의 품속을 유영하는
즐거운 고행의 길에
설레임 가지고 나서서
힘든 여정 인내하며
대자연에서 겸손함을 배우고
추억을 저축하는 산행

염원

계곡 따라 만추의 사랑이 흐르고
한줄기 빛이 갈 길을 멈춘 그곳
어느 간절한 바람이
심장을 꿰뚫고 있는
햇살보다 투명한 마음의 결정체
조약돌 하나하나에 담아
위태로운 자세로 차곡차곡 쌓여 간다

옆으론 맑은 물이 돌아가고
지나는 이의 마음은
그 위를 떠도는 낙엽일 뿐인데
고즈넉한 골짜기를 타고 내린
푸른 물안개의 부서짐 아래
돌탑의 모습으로 현신한 염원
지나가는 발자국 쫓아
해맑은 기도의 흔적을 품는다.

가두리 서곡

내 마음 모두 거두어
그대에게 띄어 보냈건만
그대 떠나버려서 찾지 못하면
갈 곳 잃은 군상들의 방랑은
바다 위를 떠돌다
저 가두리에 묻혀 스러지겠지

일렁이는 파도가 일깨워 준
뜨거운 열망 아직 불타고
그리움 달리고 있으니
미리내의 깊은 어둠 속으로
사라져 간 내 영혼의 비애
굳게 닫힌 빗장 풀어내고
그대의 가슴에 외치고 싶다

사
랑
해
!

초승달

석양을 보내고
어둠 찾아오기 전
산마루 솔잎 자라나
허공에 그려진 눈썹
작은 호롱불 너머로 비춰진
동그란 눈동자 아래
가냘픈 초승달

산등성이 너머
햇무리 펼쳐져
붉은 바다 이루니
가마득 기러기 떼 따라
정처 없는 이별의 길
처량한 삿대 소리는
여기 남아 있는데
흔들리는 작은 돛대에 의지한 채
보이지 않는 목적지 향해
저 너머로 사라져 간다

가는 곳 서쪽 나라
갈등 없는 마음의 고향
해도 별도 없는 그곳에
남모르게 일구어 놓은
너와 나의 비밀 정토
무거운 육신은 여기 남겨두고
날개 단 마음만 일어나
머나먼 방랑길을 따라 나선다.

에필로그

활짝 핀 꽃들 사이를 나풀거리며 날아다니는 나비를 보며 그 모습에 반하여 넋을 잃고 바라보다 꽃과 나비의 상부상조 관계는 가끔 얘기하지만, 나비가 태어나기까지 자신의 잎사귀를 먹여 가며 애벌레를 키워낸 식물의 노고는 간과하기 쉽다.

대자연에 파묻혀 자연을 노래하는 것도 그 아름다움과 장엄함에 마음을 움직여 어떤 영감을 얻고 그것을 배양하여 분출하고 싶은 결과의 산유물일 것이다.

본 시집도 이와 같아서 산과 들을 열심히 찾아다니며 삶의 가르침을 습득하는 가운데 지어진 노랫말을 모아 담은 것이리라.

깊어가는 가을의 한 가운데를 책과 함께 가로지르며 독자님들의 아름다운 심정에 사색의 파문이 깊게 여울지는 계절이 되기를 기원해 본다.

시인 정원석